The Great Desert Adventure ™

रेगिस्तान की रोमांचक खोज ™

Registhaan Kee Romaanchak Khoj ™

Jay & Juhi

For my Nana who inspired me to follow my dreams.

When you go on an adventure prepare for the unexpected. You never know what you may find or what may find you! Jay and Juhi know this well. They are master adventurers, but they have their share of surprises. During this particular adventure they find themselves riding on the back of a camel toward an ancient golden fort! Listen closely, this is an adventure you won't want to miss.

जब आप नई–नई खोज के लिये निकलते हैं, अनजानी घटनाओं का अचानक सामना करना पड़ सकता है, यह बात जय और जूही खूब अच्छी तरह जानते हैं । वे दोनों माहिर खोजी हैं, लेकिन वे भी अचानक अचरज में पड़ जाते हैं । इस ख़ास खोज के दौरान, वे अपने आप को ऊँट पर सवार एक सुनहरे किले की ओर जाते हुए पाते हैं । ध्यान से सुनो, कहीं ऐसा न हो कि तुम यह अनोखी कहानी जानने से वंचित रह जाओ ।

Jab aap nayee nayee khoj ke liye nikalte hain, anjaanee ghatnaaon kaa saamanaa karanaa pad sakataa hai, yaha baat jay aur juhi khoob jaante hain. Ve dono maahir khojee hain, lekin ve bhee acharaj mein pad jaate hain. Is khass khoj ke dauraan, ve apane aap ko unth par savaar ek sunhare kile kee or jaate huye paate hain. Dhyaan se suno, kaheen aisa na ho ki tum yaha anokhee kahaanee janane se vanchit raha jao.

Jay and Juhi were playing dominoes with their Mommy when their Daddy came in with exciting news. "We are going to see a puppet show tomorrow!"

"Wow," said Jay. "I've never seen a puppet show before."

"I loved to play with puppets called Kathputlis when I was a little girl," Mommy said.

"Do you still have them, Mommy?" asked Juhi.

"Not anymore. They were colorful string puppets-made of wood and cloth."

"I'd love to see one, they sound like a lot of fun!" exclaimed Juhi.

"We'll see if we can find one for you," Daddy said.

जय और जूही मम्मी के साथ डोमिनोज़ खेल रहे थे, जब पापा ने आकर एक दिलचस्प ख़बर सुनाई । "हम कल पुतलियों का खेल देखने जाएंगे ।"

"अरे वाह !" जय बोला, "मैंने पहले कभी पुतलियों का खेल नहीं देखा है ।"

मम्मी बोलीं, "जब में छोटी थी, कठपुतलियों से बहुत खेलती थी ।"

"क्या अब भी आपके पास कोई कठपुतली है ?" जूही ने पूछा ।

"अब तो नहीं हैं । वे रंग बिरंगी डोर वाली पुतलियाँ लकड़ी और कपड़े से बनती थीं," मम्मी जोश से बोलीं ।

"में ऐसी पुतली देखना चहती हूँ, बड़ी मज़ेदार चीज़ लगती है," जूही बोली ।

"देखते हैं शायद कोई कठपुतली तुम्हारे लिए मिल जाए," पापा ने कहा ।

Jay aur Juhi Mummy ke saath dominoes khel rahe the, jab papa ne aakar ek dilchasp khabar sunaaee. "Hum kal puthliyon kaa khel dekhne jayenge."
"Are vaah!" Jay bola, "meine pahale kabhee puthliyoun kaa khel nahin dekhaa hai."
Mummy bolee, "jab mein chhotee thhee, kathhputhliyon se bahut khelthee thhee."
"kyaa ab bhhee aapke paas koyee kathhputhlee hai?" Juhi ne poochhaa.
"Ab tho naheen hain. Ve rang birangee dor vaalee puthliyaan lakadee aur kapade se banthee thheen," Mummy josh se boleen.
"mein aisee puthlee dekhnaa chahathee hoon, badi mazedaar cheez lagathee hai," Juhi bolee.
"dekhathe hain shaayad koee kathhputhalee thumhaare liye mil jaye,"
Papa ne kahaa.

Jay and Juhi wanted to learn more about the Kathputli puppets. They knew just the place to look - the encyclopedia! Jay took out his electronic encyclopedia and typed in P-U-P-P-E-T-S. The encyclopedia mentioned all kinds of puppets, even the Kathputli puppets Mommy had, but there were no pictures.

"I know how we can find out what the puppets look like!" said Juhi. "Me too!" shouted Jay.

Juhi lifted her magic flute, named Soori, from a sparkly purple box.

"Soori, Soori with music you know,
please take us where we need to go!"

Juhi played a beautiful song on her flute. As she played, there was a magnificent flash of light and they were off - encyclopedia in hand!

जय और जूही उन कठपुतलियों के बारे में और जानना चाहते थे । उन्हें पता था कहाँ यह जानकारी उन्हें मिल सकती है । विश्वकोष ! जय ने अपने इलेक्ट्रानिक विश्वकोष में पु– त– ली शब्द टाइप किया । विश्वकोष में सभी प्रकार की पुतलियों का उल्लेख था, उन कठपुतलियों का भी, जो मम्मी के पास थीं, परन्तु कोई चित्र नहीं था ।

जूही बोली, "मुझे मालूम है हम कैसे ढूंढ सकते हैं कि ये पुतलियाँ कैसी दिखती हैं ।" जय भी जोश से चिल्लाया, "मुझे भी !"

जूही ने चमकते हुए बेंगनी डिब्बे से सूरी नाम की जादुई बाँसुरी निकाली ।

"सूरी – सूरी अपने संगीत के द्वारा ।
हमें ले चलो वहाँ, जाना हमें है जहाँ ॥"

जूही ने अपनी बाँसुरी पर एक सुन्दर गाना बजाया । जैसे ही उसने बाँसुरी बजाई, एक अद्भुत चमक कौंधी, और वे दोनों अचानक गायब हो गए – विश्वकोष हाथ में लिए !

Jay aur Juhi un kathhputhaliyon ke baree mein aur jaananaa chaahthe thhe. Unhe pathaa thhaa kahaan yaha jaankaaree unhen mil sakathee hai. Vishvakosh! Jay ne apane electronic vishvakosh mein pu-tha-lee shabd type kiyaa. Vishvakosh mein sabhhee prakaar kee puthliyon kaa ullekh thhaa, un kathhaputhliyon kaa bhhee, jo mummy ke paas thheen, paranthu koyee chithra nahin thhaa.
Juhi bolee, "mujhe maaloom hai hum kaise dhoondh sakathe hain, ki ye puthliyaan kaisee dikhtheen hain." Jay bhhee josh se chillayaa, "mujhe bhhee."
Juhi ne chamakthe huye bainganee dibbe se soori naam kee jaaduee baansuree nikaalee.
"Sooree-Sooree apane sangeeth ke dwaara.
Hamen le chalo vahan, jaanaa hamen hai jahaan."
Juhi ne apanee baansuree par ek sundar gaanaa bajaayaa. Jaise hee usne bansuree bajaayee, ek adhbudh chamak kaundhee aur ve dono achaanak gaayab ho gaye - vishvakosh haath mein liye!

Suddenly they found themselves in a desert.

"Oh my," said Juhi. "Where are we now?"

"Look at all the beautiful golden sand!" Jay exclaimed.

"It looks like we are in India, but not in a big city like New Delhi," noticed Juhi.

Jay opened his encyclopedia and looked up deserts located in India. He read, "One desert in India with golden sand is the Thar Desert! I bet that is where we are."

अचानक उन्होंने अपने आप को एक रेगिस्तान में पाया ।

"अरे ! हम कहाँ पहुँचे हें ?" जूही बोली ।

जय खुशी से चिल्ला कर बोला, "खूबसूरत सुनहरी रेत को तो देखो !"

"लगता है हम भारत में हैं, लेकिन यह नई दिल्ली जैसा बड़ा शहर नहीं है ।" जूही ने ध्यान से देखते हुए कहा ।

जय ने अपना विश्वकोष निकाला और भारत में स्थित रेगिस्तानों को ढूंढा । उस ने पढ़ा सुनहरी रेतवाला एक रेगिस्तान भारत में है जिसका नाम थार है । "मैं यकीनन कह सकता हूँ, कि हम वहीं हैं ।"

Achaanak unhone apne aap ko ek registhaan mein paayaa.
"Are! Hum kahaan pahunche hain?" Juhi bolee.
Jay khushee se chillaakar bolaa, "khoobsoorath sunaharee reth ko tho dekho!"
"lagathaa hai hum Bharath mein hain, lekin yaha Nayee Delhi jaisa bada shahar naheen hai." Juhi ne dhyaan se dekhthe huye kahaa.
Jay ne apanaa vishvakosh nikaalaa aur bhaarath mein sthhith registhaano ko dhoondhaa. Us ne padhaa sunaharee reth vaalaa ek registhaan bhaarath mein hai jiskaa naam thhaar hai. "Mein yakeenen kaha sakathaa hoon, ki hum vaheen hain."

As they looked around, they noticed a girl holding what looked like a flute. Juhi wanted to take a closer look so they walked over to her.

"Hi, I'm Juhi and this is my brother Jay."

"My name is Kesar."

"Is that a flute you have in your hand?" Juhi asked.

"No, it's a bamboo reed, but it does look like a flute! I've never seen you around here before," Kesar said.

"We are just visiting. Can you tell me if this is the Thar Desert?" Jay asked.

"Yes, we are in the middle of the Thar Desert. This is the town of Jaisalmer in the state of Rajasthan," Kesar explained.

जैसे ही उन्होंने अपने इर्द-गिर्द देखा उन्हें एक लड़की दिखाई दी, जो बाँसुरी जैसा कुछ पकड़े हुए थी । जूही उसे नज़दीक से देखना चाहती थी ।
"नमस्ते ! मेरा नाम जूही है और यह मेरा भाई जय है ।"
"नमस्ते, मेरा नाम केसर है ।"
"क्या तुम्हारे हाथ में बाँसुरी है ?" जूही ने पूछा ।
"नहीं इसे 'बोली' कहते हैं और यह बाँसुरी जैसी दिखती है । मैंने आप दोनों को पहले यहाँ कभी नहीं देखा," केसर बोली ।
"हम तो बस कुछ समय के लिए आए हैं, तुम बता सकती हो, क्या यही थार रेगिस्तान है ?" जय ने पूछा ।
"हाँ, हम थार रेगिस्तान के बीच में हैं । यह जेसलमेर शहर है, जो राजस्थान में है," केसर ने बताया ।

Jaise hee unhone apane erda girda dekhaa unh eek ladkee dikhaaee dee, jo baansuree jaisaa kuchh pakade hue thhee. Juhi use nazdeek se dekhanaa chahathee thhee. "Namaste! Mera naam Juhi hai aur ye mera bhaee Jay hai."
"Namaste, mera naam Kesar hai."
"Kyaa thumhaare haathh mein bansuree hai?" Juhi ne poochhaa.
"Nahin ise 'bolee' kahathe hain aur ye baansuree jaisee dikhthee hai. Meine aap dono ko pahale yahan kabhee naheen dekhaa." Kesar bolee.
"Hum tho bas kuchh samai ke leeye aaye hain, thum bathaa sakthee ho, kyaa yahee Thaar registhhaan hai?" Jay ne poochhaa.
"Haan, hum Thaar registhhaan ke beech mein hain. Yaha Jaisalmer shahar hai jo Rajasthan mein hai." Kesar ne bathaayaa.

"We get a lot of tourists here. Would you like me to show you around?" Kesar asked.

"Oh, we're not tourists," corrected Juhi. "We're adventurers!"

"What kind of adventure are you on?" Kesar asked.

"We are looking for a special kind of string puppet made of wood and cloth," Jay said.

"Do you mean Kathputli?" Kesar asked.

"That's it!" said Juhi. "That is exactly what we are looking for!"

"यहाँ बहुत पर्यटक आते हैं । क्या आप भी मेरे साथ घूमना पसंद करेंगे ?" केसर ने पूछा ।

"अरे, हम पर्यटक नहीं हैं," जूही ने गलतफ़हमी दूर की, "हम तो एक अभियान पर निकले हैं ।"

केसर ने पूछा, "कैसा अभियान ?"

"हम ख़ास डोरी वाली पुतलियाँ ढूँढ रहे हैं, जो लकड़ी और कपड़े से बनती हैं," जय बोला ।

"तुम्हारा मतलब है कठपुतली ?" केसर ने पूछा ।

"हाँ वही !" जूही बोली, "हम वही ढूंढ रहे हैं ।"

"Yahaan bahuth paryatak aathe hain. Kyaa aap bhee mere saathh ghoomnaa pasand karenge?" Kesar ne poochhaa.
"Are, hum paryatak nahin hain," Juhi ne galathfaimee door kee, "hum tho ek abhiyaan par nikale hain."
Kesar ne poochhaa, "kaisaa abhiyaan?"
"hum khaas doree valee puthliyan dhoondh rahe hain," Jay bolaa.
"Thumhaaraa mathalab hai kathhputhlee?" Kesar ne poochhaa.
"Haa vahee!" Juhi bolee, "Hum vahee dhoondh rahe hain."

"My father and brother will perform a puppet show in Jaisalmer Fort soon. Do you want to see the show?" asked Kesar.

"We would love to. Where is Jaisalmer Fort?" asked Jay.

"Over there," said Kesar as she pointed to a gigantic fort on the top of a hill.

"Sure, let's go. But how will we get there?" Juhi asked excitedly.

"The most fun way is by camel!" Kesar said as she led them to her camel, Thakur Sa. He was a large light brown camel with a saddle of colored cloths on his back.

"मेरे पिता और भाई जैसलमेर के किले में थोड़ी देर में एक पुतली का खेल करने वाले हैं । आप यह खेल देखना चाहेंगे ?" केसर ने पूछा ।

"हाँ ज़रूर, लेकिन जैसलमेर का किला हे कहाँ ?" जय ने पूछा ।

"वहाँ हे," केसर ने पहाड़ी की चोटी पर बने एक बड़े किले की ओर इशारा करते हुए दिखाया ।

"ज़रूर, चलो ! परन्तु वहाँ पहुँचेंगे केसे ?" जूही ने उत्सुकता से पूछा ।

"सबसे मज़ेदार तरीका है, ऊँट की सवारी ।" केसर ने बताया उन्हें अपने ऊँट की ओर ले जाते हुए, जिसका नाम था ठाकुर सा ।

"Mere pithaa aur bhaaee Jaisalmer ke kile mein thhodee der mein ek puthalee kaa khel karne vale hain. Aap yaha khel dekhanaa chaahenge?" Kesar ne poochhaa.
"haa zaroor, lekin Jaisalmer kaa kilaa hai kahaan?" Jay ne poochhaa.
"Vahaan hai," Kesar ne pahaadee kee chotee par bane ek bade kile kee or ishaaraa karthe huye dikhaayaa.
"Zaroor, chalo! Paranthu vahaan pahunchenge kaise?" Juhi ne uthsukthaa se poochhaa.
"Sabase mazedaar thareekaa hai, oonta kee savaaree." Kesar ne bathaayaa unhe apane oonta kee or le jaathe huye, jiskaa naam thhaa Thaakur saa.

"I've never been on a camel before," Juhi said as she noticed many other people in town riding camels. "Why do so many people ride camels here?" she asked.

"Most animals need to stop for water regularly or they get tired. But that is not possible here because deserts are dry places. Since camels can store extra water inside their body, they don't need to stop very often. That makes them great travel companions in the desert," Kesar explained.

Thakur Sa knelt down so the children could climb onto his back. Camel rides can be rocky so they all held on tight.

शहर में बहुत से लोगों को ऊँट पर बैठे देखकर जूही ने कहा, "मैं पहले कभी ऊँट पर नहीं बैठी । यहाँ क्यों इतने लोग ऊँट की सवारी करते हैं ?"

"बहुत से जानवरों को जगह-जगह पानी पीने के लिए रुकना पड़ता है लेकिन यहाँ यह सम्भव नहीं हे क्योंकि रेगिस्तान में पानी नहीं मिलता । क्योंकि ऊँट अपने शरीर में ज़रूरत से ज़्यादा पानी जमा कर सकते हैं, उन्हें पानी के लिए बार-बार नहीं रुकना पड़ता । इसीलिए रेगिस्तान में ये यात्रियों के अच्छे साथी सबित होते हैं ।"

ठाकुर सा नीचे बैठ गया ताकि बच्चे उसकी पीठ पर चढ़ सकें । ऊँट की सवारी में खूब हिचकोले लगते हैं इसलिए उन्होंने काठी को मज़बूती से पकड़ लिया ।

Shahar mein bahuth se logon ko oonta par baithhe dekhkar, Juhi ne kahaa, "mein pahale kabhee oonta par naheen baithhee. Yahaan kyon ithane log oonta kee savaree karthe hain?"
"bahuth se jaanvaron ko jagaha jagaha paani ke liye rukanaa padathaa hai lekin yaahan yaha sambhav nahin hai kyon ki registhaan mein paanee nahin milthaa. Kyonki oonta apne shareer mein zaroorath se zyaadaa paanee jamaa kar sakathe hain, unhe paanee ke liye baar-baar nahin rukana padathaa. Isee liye registhhaan mein ye yaathriyon ke ache saathee sabith hothe hain."
Thaakur Saa neeche baithha gayaa thaaki bachche uskee peethh par chadh saken. Oonta kee savaaree mein khoob hichkole lagathe hain isliye unhone kaaththee ko mazboothee se pakad liyaa.

As Jay, Juhi, Kesar, and Thakur Sa got closer to Jaisalmer Fort, it appeared bigger and bigger. "This place looks like a huge castle, just like in my fairy tales!" Juhi said as they arrived.

"Welcome to my home, Jaisalmer Fort!" Kesar exclaimed.

"You live in this fort? That is incredible!" said a very surprised Jay.

"I do, and so do a lot of people here in Jaisalmer," replied Kesar.

जैसे जैसे जय, जूही, केसर और ठाकुर सा किले के पास आते गए, वैसे वैसे किला और बड़ा दिखने लगा । "यह तो एक महल की तरह दिखता है, जैसे मेरी परियों की कहानियों में," जूही ने किले पर पहुँच कर कहा ।

"मेरे घर में आपका स्वागत है," केसर ने प्यार से कहा ।

"तुम यहाँ रहती हो ? वाह क्या बात है !" आश्चर्यचकित जय ने कहा ।

"हाँ, और भी बहुत से लोग इस किले में रहते है ।" केसर ने उत्तर दिया ।

Jaise jaise Jay, Juhi, Kesar aur Thakur sa kile ke paas aathe gaye, vaise vaise kilaa aur badaa dikhane lagaa. "yaha tho ek mahal kee tharaha dikhathaa hai, jaise meree pariyon kee kahaaniyon mein," Juhi ne kile par pahunch kar kahaa.
"Mere ghar mein aapkaa svaagath hai," Kesar ne pyaar se kahaa.
"Thum yahan rahathee ho? Vah kyaa baath hai!" aashcharyachakith Jay ne kahaa.
"haan, aur bhee bahuth se log is kile mein rahathe hai." Kesar ne uththar diyaa.

"When was this fort built?" Juhi asked.

"According to the encyclopedia the Jaisalmer Fort is made of golden yellow sandstone and was built hundreds of years ago in 1156!" said Jay.

"That's right," said Kesar. "Some people call the fort Sonar Kila, which means Golden Fort. Inside there are temples, shops, and homes-including mine!"

"My family has lived here for many generations," Kesar explained. "We make puppets and perform puppet shows. My dad blows through a reed just like the one I have to make his puppet voices."

Kesar blew into the reed and a strange high-pitched squeaky sound came out! It was like nothing Jay and Juhi had ever heard.

जूही ने पूछा, "यह किला कब बना था ?"

"विश्वकोष के अनुसार जेसलमेर का किला पीले सुनहरे रेतीले पत्थर से बना है और इसका निर्माण सैंकड़ों वर्ष पहले सन् ११५६ में हुआ था," जय ने बताया ।

"बिल्कुल ठीक" केसर बोली । "कुछ लोग इसे सोनार किला कहते हैं । इस किले के अन्दर मन्दिर, दुकानें और घर हैं – मेरा भी ।"

"मेरा परिवार कई पीढ़ियों से यहाँ रह रहा है । हम कठपुतलियाँ बनाते हैं और उनका खेल दिखाते हैं । मेरे पिता जी बिल्कुल इसी तरह की डंडी में से कठपुतली की बोलियाँ निकालते हैं ।"

यह कहते हुए केसर ने डंडी के अन्दर फूँका और एक अजब सी तेज़-तीखी चूँ –चूँ करती आवाज़ उस में से निकली । ऐसी आवाज़ जय और जूही ने कभी नहीं सुनी थी ।

Juhi ne poochhaa, "yaha kilaa kab banaa thhaa?"
"Vishvakosh ke anusaar, Jaisalmer kaa kilaa peele sunhare retheele patthar se banaa hai aur iskaa nirmaan saikadon varsh pahale san 1156 mein huaa thhaa," Jay ne bathaayaa. "Bilkul theek" Kesar bolee. "Kuchh log ise sonaar kilaa kahathe hain. Is kile ke andar mandir, dukaane aur ghar hain - meraa bhee.
"Mera parivaar kyee peediyon se yahaan rahathaa hai. Hum kathhputhlian banathe hain aur unkaa khel dikhaathe hain. Mere pithaa jee bilkul esee tharaha kee dandee mein se kathhputhlee kee boliyaan nikaalthe hain." Yaha kaha the huyekesar ne dandee ke andar phookaa aur ek ajab see thez-theekhee chun chun karthee aavaaz us mein se nikalee. Aise aavaaz Jay aur Juhi ne kabhee naheen sunee thhee.

"Along with sounds from the bamboo reeds, puppeteers also sing songs that tell all kinds of stories. Some of the stories have snake charmers and dancers. My favorite stories are about ancient kings!" Kesar explained.

"That sounds exciting!" Juhi said, "I would love to see a puppet dance!"

Jay, Juhi, and Kesar heard a loud drum playing! The sound vibrated through the alleyway.

"Drumbeats announce the beginning of a puppet show! Come on, let's hurry and get to the show!" said Kesar as she led Jay and Juhi down a narrow, winding street to her house.

"बाँस की डंडी यानि 'बोली' से निकली आवाज़ों के साथ-साथ, खेल दिखाने वाले, गीतों के द्वारा अलग–अलग कहानियाँ भी सुनाते हैं । कुछ कहानियों में सपेरे और नृत्यक होते हैं । मुझे राजाओं की पौराणिक कहानियाँ बहुत पसंद हैं !" केसर ने बताया ।

"यह तो बहुत दिलचस्प बात हे ! में भी कठपुतली का नाच देखना चाहूँगी ।" जूही ने कहा ।

जय जूही और केसर ने ज़ोरदार ढोल की आवाज़ सुनी । आवाज़ गली से गूँजती हुई निकली ।

"ढोल की आवाज़ कठपुतली का खेल शुरू होने की घोषणा करती है । अरे आओ ! जल्दी से खेल देखने चलें ।" कहते हुए केसर जय और जूही को पतली घुमावदार गली से होते हुए अपने घर की ओर ले गई ।

"Baans kee dandee yaani 'bole' se nikalee aavaazon ke saathh- saathh, khel dekhaane vale, geethon ke dvaaraa alag alag kahaaniyaa bhee sunaathe hain. Kuchh kahaaniyon mein sapere aur nrthyak hothe hain. Mujhe rajaaon kee pauraanik kahaaniyaan bahuth pasand hain!" Kesar ne bathaayaa.
"Yaha tho bahuth dilchasp baath hai! Mein bhee kathhputhee kaa naach dekhanaa chaahoongee!" Juhi ne kahaa.
Jay, Juhi aur Kesar ne zordaar dhol kee aavaaz sunee! Aavaaz galee se goonjthee huyee nikalee.
"Dhol kee aavaaz kathhputhlee kaa khel shuroo hone kee ghoshnaa karthee hai. Are aao! Jaldee se khel dekhane chalen." Kahathe hue Kesar, Jay aur Juhi ko pathalee ghumaavdaar galee se hothe hue apane ghar kee or le gayee.

When they got to Kesar's home, the children saw people crowded around a special puppet show stage. The stage area was black with small colorful lights all around it.

Suddenly, as if out of nowhere, puppets appeared on the stage. A singer began to tell a story through a melodious song. Another puppet, in a long colorful dress, emerged and began singing and dancing. Her voice sounded like the sounds Kesar made for them with her bamboo reed.

जब वे केसर के घर पहुँचे तो बच्चों ने मंच के सामने, लोगों की भीड़ देखी । मंच पर अंधेरा था ओर उसके चारों तरफ़ छोटी-छोटी रंग-बिरंगी बत्तियाँ चमक रहीं थीं ।

अचानक न जाने कहाँ से, मंच पर कठपुतलियाँ दिखाई दीं । गीतकार ने मधुर गीत द्वारा एक कहानी सुनानी शुरू की । अचानक लम्बी रंगीन पोशाक पहने एक ओर कठपुतली आ पहुँची, ओर नाचने-गाने लगी । उसकी आवाज़ एकदम केसर की 'बोली' जैसी थी ।

Jab ve Kesar ke ghar pahunche tho bachchon ne manch ke saamane, logon kee bheed dekhee. Manchpar andheraa thhaa aur uske chaaron tharaf chhotee-chhotee rang-birangee batthiyaan chamak raheen thheen.
Achaanak na jaane kahaan se, manch par kathhputhliyaan dikhaayee dee. Geethkaar ne madhur geeth dvaaraa ek kahaanee sunanee shuroo kee. Achaanak lambee rangeen poshaak pahane ek aur kathhputhlee aa pahunchee, aur naachne-gaane lagee. Uskee aavaaz ekdam Kesar kee 'bolee' jaise thhee.

"I can't believe that's a puppet. How can she dance so quickly?" Jay asked.

"My dad is controlling her with strings tied to her head, back, and hands!"

"Look! She's even juggling a ball! Amazing!" Juhi exclaimed over the loud sounds of drums, singing and puppets' squeaking voices. It was a wonderful sight to see!

"I can see why the ancient kings liked to watch these shows," said Juhi.

"विश्वास नहीं होता कि यह एक पुतली है । इतनी फुर्ती से कैसे नाच सकती है ?" जय ने पूछा ।

"मेरे पिता जी इसे डोरियों के साथ सम्भाल रहे हैं, जो इसके सिर, पीठ और हाथों पर बंधी हैं ।"

"देखो ! यह तो गेंद से बाज़ीगरी दिखा रही है ! कमाल है !" ढोल, गीत और कठपुतलियों की तीखी आवाज़ों के ऊपर से जूही चिल्लाई । यह एक बहुत ही आश्चर्यजनक दृश्य था ।

"अब मैं समझ सकती हूँ कि राजा-महाराजा ऐसे खेल क्यों देखते थे," जूही बोली ।

"Vishvaas naaheen hothaa ki yaha ek puthalee hai. Ithanee furthee se kaise naach sakathee hai?" Jay ne poochhaa.
"Mere pithaa jee ise doriyon ke saathh sambhaal rahe hain, jo iske sir, peeth aur haathhon par bandhee hain."
"Dekho! Yaha tho gend se baazeegaree dikhaa rahee hai! Kamaal hai!" Dhol, geeth aur kathhputhleeyon kee theekhee aavaazon ke oopar se Juhi chillaayee. Yaha ek bahuth hee aashcharyajanak drishya thhaa.
"Ab mein samajh sakathee hoon ki raajaa-maharaajaa aise khel kyon dekhthe thhe," Juhi bolee.

After the show Jay and Juhi went backstage to see the puppets up close. Kesar handed them each a puppet and showed them how to make the puppets move.

"This is harder than it looks," realized Jay as he tried to make the puppet juggle.

Kesar rang her string of bells, called ghungroo, as Juhi danced along with her Kathputli.

As they were playing, Jay and Juhi noticed the sun was going down. "It's getting late, maybe we should head back," said Jay.

खेल समाप्त होने के बाद, जय और जूही पुतलियों को और नज़दीकी से देखने के लिए मंच के पीछे गए । केसर ने दोनों को एक-एक पुतली दी और दिखाया कैसे पुतलियों को नचाते हैं ।

जय ने महसूस किया कि जो इतना आसान दिखता था, बहुत मुश्किल काम है ।

"देखो, यह नाच रही है," जूही बोली । जूही ने अपनी कठपुतली के साथ नाच किया और केसर ने घुँघरू बजाए ।

खेल ही रहे थे, जब जय और जूही ने देखा सूरज डूब रहा था । "देर हो रही है, शायद हमें वापिस जाना चाहिए," जय ने घोषित किया ।

Khel samaapth hone ke baad Jay aur Juhi puthliyon ko aur nazdeekee se dekhne ke liye manch ke peechhe gaye. Kesar ne dono ko ek-ek puthlee dee aur dikhaayaa kaise puthliyon ke nachaathe hain.
Jay ne mahasoos kiya ki jo ithanaa aasaan dikh rahaa thhaa, bahuth mushkil kaam hai.
"dekho, yaha naach rahee hai," Juhi bolee. Juhi ne apnee kathhputhlee ke saathh naach kiyaa aur Kesar ne ghunghroo bajaaye.
Khel hee rahe thhe, jab Jay aur Juhi ne dekhaa sooraj doob raha thhaa. "der ho rahee hai, shaayad hamen vaapis jaanaa chaahiye," Jay ne ghoshith kiyaa.

"Thanks for bringing us to see this colorful show and showing us how to play with the puppets!" Juhi said.

"Namaste my friends. Please come back and visit soon. There are more sights to see and many festivals to celebrate here!"

"We'll be back!" Jay and Juhi said together.

Jay and Juhi took one more look at the golden sand as the sun began to set.

Juhi took out her magic flute and called out with Jay:

"Soori, Soori with music you know,
please take us where we need to go!"

Juhi began to play a happy song and, in a magnificent flash of light, they went home.

"इस मनोरंजक खेल तक लाने के लिए और सिखाने के लिए कि पुतलियों को कैसे नचाते हैं, तुम्हारा बहुत-बहुत धन्यवाद !" जूही ने कहा ।

"नमस्ते मेरे मित्रो, जल्दी लौट कर आना । यहाँ अनेक दर्शनीय स्थान हें और ढेर सारे त्योहार मनाए जाते हैं ।"

"हम ज़रूर वापिस आएंगे," जय और जूही एक साथ बोले ।

सूरज ढल रहा था, जय और जूही ने एक बार फिर से सुनहरी रेत को देखा ।

जूही ने अपनी जादुई बाँसुरी निकाली और जय के साथ बोली,

"सूरी – सूरी अपने संगीत के द्वारा ।
हमें ले चलो वहाँ, जाना हमें है जहाँ ॥"

जूही ने एक खुशी भरी धुन बजाई । पल भर में एक अद्भुत चमक के साथ वे वापिस घर पहुँच गए ।

"Is manoranjak khel thak lane ke liye aur sikhaane ke liye ki puthliyon ko kaise nachaathe hain, thumhaaraa bahuth bahuth dhanyavaad!" Juhi ne kahaa.
"Namaste mere mithron, jaldee laut kar aanaa. Yahaan anek darshaneeya sthhaan hain aur dher saare thyohaar manaye jaathe hain."
"Hum zaroor vaapis aayenge," Jay aur Juhi ek saathh bole.
Sooraj dhal rahaa thhaa, Jay aur Juhi ne ek baar phir se sunharee reth ko dekhhaa.
Juhi ne apanee jaaduee baansuree nikaalee aur Jay ke saathh bolee,
"Sooree- Sooree apane sangeeth ke dwaara.
Hamen le chalo vahan, jaanaa hamen hai jahaan."
Juhi ne ek khushee bhaaree dhun bajaayee. Pal bhar mein ek adhbuth chamak ke saathh ve vaapis ghar pahunch gaye.

That evening Mommy and Daddy had a special surprise for them. It was a beautiful puppet with big brown eyes and a long red and orange dress!

"A Kathputli!" Jay shouted, full of excitement. "Let's make it dance!" shouted Juhi.

"How did you know it was a Kathputli . . . and that it could dance?" Mommy asked.

"Just a lucky guess," said Juhi. Jay and Juhi looked at each other and smiled as they happily started to play with their new puppet.

उस शाम मम्मी और पापा के पास उनके लिए एक विशेष उपहार था । वह एक सुन्दर सी बड़ी-बड़ी भूरी आँखों वाली और लम्बी लाल और नारंगी पोशाक वाली कठपुतली थी ।

"अरे ! कठपुतली !" जय खुशी से चिल्लाया । "चलो, इसे नचाते हैं !" जूही भी चिल्ला कर बोली ।

"तुम्हें कैसे पता लगा कि यह एक कठपुतली है और नाच सकती है ?" मम्मी ने पूछा ।

"बस एक छोटा सा अनुमान जो सही साबित हुआ," जूही ने कहा । दोनों ने एक दूसरे को देखा और खुशी-खुशी मुस्कुराते हुए अपनी नई कठपुतली से खेलने लगे ।

Us shaam Mummy aur Papa ke paas unke liye ek vishesh upahaar thhaa. Vah ek sundar see badi badi bhooree aankhon vaalee aur lambee lal aur narangee poshaak vaalee kathhputhlee thhee.
"Are! Kathhaputhlee!" Jay khushee se chillaayaa. "Chalo, ise nachaathe hain!" Juhi bhee chillakar bolee.
"Thumhe kaise pathaa lagaa ki yaha ek kathhaputhlee hai aur naach sakathee hai?" Mummy ne poochhaa.
"Bas ek chhotaa saa anumaan jo sahee saabith huaa," Juhi ne kahaa. Dono ne ek doosare ko dekhaa aur khushee khushee muskuraathe hue apane nayee kathhputhlee se khelne lage.

DO YOU REMEMBER?

- What game were Jay and Juhi playing with their Mommy?
- What device Jay uses to find all his facts?
- Where do camels store water?
- How to finish the Soori song,
  "Soori, Soori with music you know, _____!"
- What do puppeteers use to make the high pitched sound?
- What is the name of the friend Jay and Juhi made in Jaisalmer?
- What announces the beginning of a puppet show?

DID YOU KNOW?

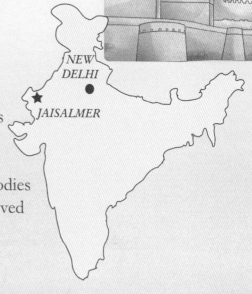

- Jaisalmer is known as "The Golden City" because of all its beautiful golden sand.
- Jaisalmer used to be the main route for transporting goods via camel caravans.
- Kathputli literally means: Kaath-wood, putli-puppet.
- Kathputli puppets are about 2 feet tall and have stuffed bodies from the waist to the neck but no legs. Their heads are carved out of wood and they wear long beautiful dresses.

NEW DELHI

JAISALMER

DO IT YOURSELF!

Make your own Kathputli - you'll need a sock, cotton balls, colorful fabric, cardboard, constructic
paper, markers, string, scissors and glue.

1. Cut out two of the same size circles – one from cardboard and one from construction paper. G
the construction paper circle to the cardboard circle. Now you have your puppet's head! Use mar
to draw a face on your puppets head.

2. Stuff a sock with cotton and then tie the sock closed with string. Now you have you puppet's body!

3. Draw two long triangles of the same size on your fabric. This will your puppet's dress so make sure it is at least twice as long as the bod Now you have your puppet's dress!

4. Glue the bottom of your puppet's head to the top of the sock.

5. Glue the small end of each of your triangles to the front and back the bottom of your puppet's head.

6. Glue the sides of the fabric closed.

7. Make a small hole in the top of your puppet's head and tie a long s through it.

8. Now you have your own Kathputhli puppet – time for a puppet sl

Continue your adventure with Jay and Juhi at www.MeeraMasi.